EXAMEN CRITIQUE

DES

PRINCIPAUX OUVRAGES

en Peinture et en Sculpture

DE L'EXPOSITION DE 1852

Par M. GIRAM.

PRIX : 75 CENTIMES.

PARIS

Chez CHAUMEROT, Libraire, Palais-Royal,

ET CHEZ LES PRINCIPAUX LIBRAIRES.

Dépôt rue Fontaine-Molière, 57.

AVRIL 1852.

©

INTRODUCTION.

Avertir et ne pas décourager, montrer de la franchise sans offenser, toujours rendre hommage au talent : tel est le but que l'auteur de cet écrit, peut-être fort ignorant, mais à coup sûr passionné pour les arts, a désiré atteindre. S'il eut traité un trop grand nombre de sujets, comme le Salon en comprend beaucoup de médiocres, il aurait eu trop de vérités cruelles et inutiles à dire; mieux valait donc qu'il restreignît son cadre, car la satyre infructueuse ne plait qu'aux méchants. Chose incroyable : neuf à dix mille peintres existent à Paris, faisant métier de leur palette ; jamais les arts ne furent autant encouragés par le Gouvernement (que d'honneurs leur sont réservés ! que de commandes leur sont faites !); grâce à la diffusion des lumières, il n'exista jamais un public plus éclairé pour les apprécier, et cependant quel mince résultat !

Les causes ne nous en sont point inconnues, nous pourrons plus tard les apprécier à notre point de vue.

AVANT-PROPOS.

L'habitude de discussion qui s'est emparée des esprits, moins pour les éclairer que pour les jeter dans la confusion, nous oblige à planter quelques jalons qui devront nous servir de régulateurs dans nos jugements.

Peindre, c'est imiter la nature; mais si un grand artiste ne visait qu'à ce seul but, il serait dans une profonde erreur.

Qu'il ait à traiter un fait d'armes glorieux qui tende à donner à une nation une haute opinion d'elle-même.

Il est nécessaire qu'il héroïse le maintien, la figure des personnes qu'il représente ; qu'il donne à ses personnages les attitudes et les formes de noblesse qui sont dans les idées, soit de l'élite de cette nation, soit de cette nation elle-même ; ou plutôt, que saisi d'un saint enthousiasme, comme prêtre du beau, il devance ses juges et les force, malgré l'indifférence et les clameurs du jour, à venir fléchir le genou devant son œuvre. Si, au contraire, il s'agit d'un fait ridicule, ce sont les formes ignobles auxquelles il s'arrêtera.

Les diverses parties qui constituent la Peinture, embrassent : 1° la conception de l'œuvre ; 2° l'esquisse au trait ; 3° le relief de l'objet produit par la couleur.

Jusqu'ici nos plus grands maîtres ont essayé de satisfaire à la fois aux trois exigences que nous venons d'énumérer ; mais aucun n'y est parvenu.

Quant à la conception du sujet, quant à l'esquisse et à l'expression des personnages ; il faut reconnaître, que quelques artistes par la sublimité de leurs idées, par la variété des types qu'ils ont créés, paraissent être arrivés aux dernières limites de l'art; et que les efforts actuels ne peuvent, sans témérité, avoir d'autre objet que celui de les égaler.

Il n'est pas tout à fait ainsi de la couleur.

Les œuvres dans lesquelles on a obtenu les plus brillants résultats laissent encore beaucoup à désirer. Et nous sommes convaincu que des artistes, peut-être aidés par le progrès des sciences, soit pour la fabrication des couleurs, soit pour la dégradation des teintes, peut-être doués par eux-mêmes, ou par leur travail, de facultés plus éminentes, sont appelés sous le rapport du coloris, à des créations supérieures.

Des personnages placés sur un premier plan ont été rendus avec une grande vérité.

Il n'en a pas été ainsi, lorsqu'il a fallu obtenir des lointains.

On est un peu entré dans la peinture de convention, pour les paysages.

L'impuissance a été plus grande encore lorsqu'on a voulu représenter des objets sensibles à nos yeux, mais insaisissables à la main, tels que des nuages, de la fumée, etc.

Nous ne pouvons donc apprécier les tableaux en voulant leur attribuer une beauté absolue sous ce rapport. Il n'est possible de déterminer leur mérite d'une manière précise, qu'en les comparant à ce qui a été fait.

Il est encore une difficulté que le peintre doit vaincre, et dont nous ne pouvons juger que relativement. L'art ne peut saisir dans un combat animé, dans une mer qui déferle, que la position des objets dans un moment donné, et, cependant la vie, l'action, le mouvement doivent être évidents et passionner le spectateur.

Quelques artistes ont pensé qu'il fallait s'attacher principalement à la conception et au dessin, et que l'on ne devait regarder la couleur que comme une compagne très-subalterne. A leurs yeux, un trait sérieusement accusé, orné d'un coloris qui ne donnerait qu'un relief médiocre, comme une belle mélodie qui n'aurait qu'un accompagnement restreint, constituerait ce que l'on doit uniquement chercher dans la peinture. D'autres, au contraire, négligent le dessin pour se livrer entièrement à la magie des couleurs. Ces diverses façons de sentir appartiennent certainement à des esprits d'élite; mais si l'artiste est passionné pour la gloire et la perfection de son art, qu'il ne se laisse point aller à des idées que caresse l'indolence; qu'il mène de front toutes les parties dont il se compose.

De grands peintres ont existé, mais les premières places ne sont pas encore occupées. S'il ne reste que peu de chose à faire pour la création des types, la fougue, l'animation à donner aux personnages, l'alliance de toutes ces qualités et d'un coloris vigoureux et vrai, n'a pas encore été obtenue.

Parmi tous les beaux arts : poésie, littérature, musique, etc., la peinture est peut être le seul où les palmes les plus glorieuses sont encore à cueillir.

Que l'on ne croie pas qu'une grande perfection dans le relief, en raison du temps qu'il faut y consacrer, ôte le nerf à la composition ; il faut seulement des études plus longues et plus pénibles. En se livrant à cet art, il faut se dire que l'on va combattre les difficultés les plus ardues, et que loin de pouvoir faire un acte d'éclat dans l'adolescence, ainsi que l'exemple en est fréquent dans d'autres carrières (tout le monde sait que de grands généraux avaient acquis leur réputation à vingt-cinq ans, et que des œuvres littéraires immortelles ont été produites à cet âge); il est nécessaire que l'artiste ait longuement et péniblement creusé son sillon, avant que la terre soit apte à produire.

Aujourd'hui, l'artiste, généralement, n'étudie que jusqu'à l'âge mûr, il se livre au travail jusqu'à ce qu'il ait obtenu une réputation qui fasse rechercher ses œuvres.

Arrivé à ce point, il ne s'agit plus pour lui que d'une affaire de commerce, il débite le plus possible. Heureux, quand la qualité de ses productions ne vient pas à dégénérer, ce qui n'arrive, hélas, que trop souvent.

Sauf quelques exceptions, que nous avons en partie signalées, on ne trouve le plus souvent dans l'Exposition de 1852, que décadence pour les œuvres des maîtres, et médiocrité pour la masse des exposants. Peu de travaux consciencieux, souvent de la facilité : il ne manque que des études prolongées.

C'est une terrible tentation qu'une exposition annuelle pour y envoyer des tableaux, dont l'endroit faible vous est connu, mais qui pourront peut-être y solliciter un acquéreur. Nous n'en tirons point de conséquences défavorables au système qui existe; où est l'institution qui n'a pas ses inconvénients?

Un des perfectionnements les plus certains de la peinture actuelle, consisterait dans une éducation morale qui éloignerait nos jeunes artistes de cette vie, dite *de viveurs,* qui leur paraît être le souverain bien, et qui fait, qu'au lieu de considérer l'étude des beaux arts comme le but de la vie, ils ne les envisagent que comme un moyen d'alimenter leurs plaisirs.

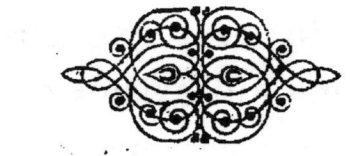

EXAMEN CRITIQUE
DES
PRINCIPAUX OUVRAGES
DE L'EXPOSITION DE 1852.

PEINTURE.

VERNET (Horace),

Commandeur de la Légion-d'Honneur 1842,
Membre de l'Institut 1826.

N° 1237 — SIÉGE DE ROME.

Cette vaste toile, comprenant une quantité d'épisodes, n'est point un tableau, mais bien un panorama.

D'après la position choisie par l'éminent artiste, on n'aperçoit aucun monument de la ville éternelle, et si le livret ne nous apprenait qu'il s'agit de la prise de Rome, il serait bien difficile de le deviner.

On sait que cette composition a été commandée par le gouvernement français; mais par la manière dont elle a été traitée, elle aurait du être soldée par nos adversaires.

Quoi, voilà une armée dont les files se perdent dans le lointain, et qui paraît être tenue en échec par une douzaine d'italiens. Décidément les soldats de la République Romaine ne pouvaient trouver un historien de meilleure volonté pour redire leurs exploits.

Ajoutons que sauf un ou deux bandits à faces sinistres, la plupart des italiens sont porteurs de figures assez martiales, tandis que, une idée de charge maligne, semble avoir animé le peintre lorsqu'il a représenté nos soldats.

Voyez ce groupe du milieu, une italienne d'une grande beauté, demande grâce pour un officier qui a rendu son épée. Deux fusiliers français, malgré les supplications d'une jolie femme, vont cependant l'assassiner; quoique son maintien n'annonce que l'effroi et l'attente du coup fatal.

Poursuivons :

Deux sous-lieutenants français dont la figure de l'un placé sur la gauche pourrait prêter à rire, sont les seuls chefs évidents de l'armée que le peintre ait mis en avant ; il y a là une intention des moins déguisées.

Un athlète athénien, victorieux dans plusieurs luttes, avait commandé à Simonide une ode pour éterniser ses exploits. Dans ses vers, le poète ne vanta que les hauts-faits des demi dieux, Castor et Pollux. Son sujet, probablement, lui paraissait ingrat. Aussi l'athlète se refusa au paiement des honoraires. Mais, qu'eût-il fait ? si l'auteur ne s'était appliqué qu'à glorifier ses adversaires.

Dans cette œuvre, dont les dimensions sont colossales, et que M. Vernet aurait dû s'attacher à faire plutôt belle que grande, le relief des combattants est accusé vigoureusement. L'air circule assez bien, entre les divers groupes que le talent du peintre a animés et mouvementés, et les plans dans lesquels chacun se trouve, sont fidèlement observés.

On remarque surtout des détails exécutés avec une rare perfection. Nous citerons particulièrement les baïonnettes, les épaulettes, les boutons; et nous serions porté à croire que le relief de ces menus objets n'est pas étranger à la réputation que M. Vernet a su acquérir parmi ceux qui composent le public le plus nombreux.

Mais quand il faut se mettre au niveau des honneurs officiels qui lui ont été rendus dans toute l'Europe, et des éloges qui lui ont été décernés par de chauds amis, en créant des types nouveaux, relevés par de belles expressions, en se montrant bon peintre, jusqu'à faire circuler le sang sous l'épiderme ; alors la palette témoigne de sa faiblesse. Nous rappellerons, en passant, le tableau-portrait de l'exposition dernière, auquel une partie de ces reproches pouvait être adressée.

Sur le premier plan, on voit, à côté de la belle italienne, qui se livre à un acte si naturel et si bien traduit, une petite lampe dont les maigres filets de lumière, jettent un éclat beaucoup trop brillant sur les panneaux, ainsi que sur la scène d'alentour; si l'on tient compte du jour général qui est répandu partout.

Un peu plus haut et sur la droite, le nuage lumineux produit par la détonation d'un fusil, manque complètement de transparence; ce n'est qu'une enluminure.

Au-dessous, des condottieri dirigent des pistolets sur ces soldats français qui vont massacrer un officier. Je crains fort que l'italien ne soit atteint.

A gauche, un jeune tambour romain, à visage doux et expressif, contraste admirablement avec cette scène de carnage. Les cheveux parfaitement massés et détaillés, ainsi que toute sa personne, témoignent de ce que l'illustre artiste pourrait produire.

Sa facilité est son écueil.

Il est un peu semblable à ces faiseurs de romans modernes qui, hommes de talent, auraient dû parvenir à la gloire s'ils avaient renfermé leurs productions dans un cadre borné.

Mais, spéculateurs à la ligne, ils ont allongé leurs phrases, énervé leur style et compromis leur avenir, pour satisfaire à ce monstre insatiable, cette presse toujours béante.

Ainsi, M. Vernet, en composant dans peu de jours des in-folios en tableaux se donnera, certes, la réputation d'un homme fécond. Mais lorsque le public qui finit toujours par s'inspirer de la pensée des hommes de goût, n'aura plus pour le satisfaire la nouveauté qui souvent le séduit; je crains bien qu'il n'y ait décadence dans le jugement porté sur ses ouvrages.

Il y avait en lui les forces nécessaires pour lutter avec les plus grands maîtres du passé, et donner la supériorité à notre siècle. Et, hélas! s'il ne change ses allures, son nom qui devait arriver à la plus grande illustration, s'éteindra peut-être avec son existence.

PEINTURE.

ZIEM (Félix),

né à Beaune (Côte-d'Or), médaille de troisième classe, 1851.

N° 1272 — VUE DE VENISE,

PRISE DU JARDIN FRANÇAIS.

OEuvre châtiée, œuvre de verve, grand espoir pour l'avenir. Voilà les pensées qui surgissent à la vue de ce tableau. Comme cette mer a de la transparence! comme cette eau clapote! Quel tour de force et d'adresse pour obtenir ce miroitage des eaux, qu'une abondance de lumières, qu'un ciel éclatant, détermine dans les lagunes de Venise!

Heureux pêcheurs et promeneurs sur cette mer sans orage; la foule qui m'enserre, la chaleur de ces lieux, me fait envier la brise légère qui enfle vos voiles. Pour moi, hélas! que ma promenade doit être longue encore dans cet atmosphère étouffant!

PEINTURE.

Que de froissements je dois éprouver, et surtout combien de remarques stupides je suis condamné à entendre !

Si le cadre doré qui termine cette mer voulait s'étendre à volonté, et que l'on pût faire disparaître quelques légères imperfections : l'illusion serait complète.

Les personnages pourraient être mieux terminés, et certaines parties dans le ciel manquent de transparence et de clarté.

N° 1273 — LE SOIR AU BORD DE L'AMSTEL

(AMSTERDAM).

N° 1274 — CHAUMIÈRE HOLLANDAISE

(ENVIRONS DE LA HAYE).

Nous ne considérons les deux tableaux ci-dessus, du même auteur, que comme des esquisses largement faites, qui attestent sa facilité de création. Mais si, comme beaucoup de ses confrères, il voulait se borner à des productions de ce genre, il s'engagerait dans une fausse voie. Ses facultés sont trop réelles pour qu'il n'aborde pas franchement la nature dans toute sa vérité, et qu'il se contente d'apparences de convention.

BRUNE (Adolphe),

élève de Gros, médaille de première classe, 1837.

N° 193 — BACCHANTES.

Si j'avais eu une scène de bacchantes à traiter, je me serais dit que ces femmes devaient avoir une surexcitation de vie pour sauter, danser, pousser des cris et se livrer à mille folies. Dans mon ordonnance il y aurait eu un espace large et profond pour les faire mouvoir. Une scène principale aurait attiré d'abord tous les regards, et la troupe des bacchantes et bacchants n'aurait été là qu'en qualité de comparses.

Cette conception n'aurait pas été si mauvaise; car elle eût été conforme à celle de Nicolas Poussin. M. Brune a pensé qu'il suffisait de nous montrer des nudités et de grands corps assez bien modelés. Non, Monsieur, ce n'est point cela. Votre composition est confuse.

Elle manque de chaleur, de vivacité et d'entrain, et elle ne doit pas vous satisfaire vous-même.

Si vous vouliez traiter une orgie et peindre ces vicieuses effrontées, il fallait que la fougue et la force heurtée, distribuées partout, répandues à profusion, vinssent demander grâce pour la crudité de vos tableaux.

La placidité déplacée, l'arrangement sans choix qui règnent dans cette toile; ainsi que les nombreuses études, nécessitées par les contours assez perfectionnés, rendus par le trait et la couleur; nous font présumer que la carrière de M. Brune ne sera jamais que très bornée.

Nous désirons qu'il nous donne un démenti à l'exposition prochaine.

GUDIN (Théodore),

né à Paris, élève de Girodet-Trioson, officier de la Légion-d'Honneur en 1841.

N° 592 — L'ORAGE AU COUCHANT.

N° 593 — VUE DE BUCHANESS.

M. Gudin en choisissant ses marines dans des circonstances anormales, rend notre appréciation très difficile, surtout quand il veut mettre l'habileté de son pinceau au service des vues excentriques qu'il présente ; car alors il devient un rude plaideur pour la défense d'une cause sur le fond de laquelle le public ne possède que des données bien minimes.

Nous admettrons pour nous que, dans le coucher du soleil, il a donné une grande transparence à l'élément liquide, et nous reconnaîtrons le talent avec lequel est rendu cette teinte solaire qui rougit la crête de tous les flots.

Mais en même temps il nous est difficile de nous rendre compte que le soleil se soit jamais montré ainsi à son couchant.

Quant à la vue de Buchaness, M. Gudin n'a fait que chercher à reproduire la poussière marine occasionnée par le choc des vagues contre les rochers, ainsi que l'arc-en-ciel déterminé par la lumière du soleil qui se joue à travers une multitude de gouttelettes.

C'eût été un tour de force s'il eut réussi : mais ce n'est en réalité qu'un essai.

PEINTURE.

STEVENS (Joseph),

né à Bruxelles.

N° 1170 — UN MÉTIER DE CHIEN,

SOUVENIR DES RUES DE BRUXELLES.

Pauvres chiens, vous êtes bien fatigués. Aussi quel barbare service! N'était-ce pas assez pour vous de garder des voitures, sans avoir encore à en traîner!

Reposez-vous, bonnes bêtes; profitez de l'absence de votre bourreau. Il n'était point nécessaire, comme pour l'homme, de vous ennoblir. Vous êtes, passez-moi l'expression, de vrais mâtins. Mais la reconnaissance sans limites, que vous éprouvez pour vos bienfaiteurs, l'attachement que vous témoignez toujours, même à ceux qui parfois sont vos tyrans, vous rendent intéressants, quelle que soit la forme sous laquelle on vous représente, pourvu qu'elle soit réelle.

On pourrait désirer que le mur du fond fût un

peu plus éloigné. La pierre située sur le charriot a été trop sacrifiée à l'effet que devaient produire les cinq quadrupèdes. Du reste, nos félicitations bien sincères à l'auteur, qui s'est montré artiste consciencieux.

JADIN (Louis-Godefroy).

Médaille de première classe, 1848.

N° 677 — LE CERF AUX ABOIS.

Le livret ne dit point que ce sont des chiens; cependant, avec un peu de bonne volonté, on ne peut s'y méprendre. Mais en quoi sont-ils? en carton? en faïence? Peut-être; mais certainement, en toute autre substance qu'en peau et chair de l'espèce canine, car tout est sec et cru.

Où est votre ardeur, votre pétulance, votre impatience, votre ivresse, bruyants Tayauts et Brifauts, à l'aspect d'un cerf aux abois? L'artiste, sans cause, sans raison, vous a tous pétrifiés à l'aspect de votre victime.

Ils ont disparu, vos lisses et lustrés pelages, qui font appel aux bonnes caresses. Vous n'êtes que des êtres de fantaisie dont je ne veux plus m'occuper.

KIORBOÉ (Charles-Frédérick),

élève de M. Henning. Médaille de deuxième classe, 1846.

N° 726 — TOM.

Ne serait-ce pas une petite méchanceté faite à M. Jadin, que le voisinage de ce beau terre-neuve, de cette nature bien traitée? Réunir à une touche aussi sûre et aussi ferme autant de vérité, c'est tout ce que l'on pouvait demander.

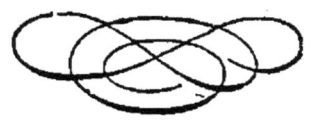

MERLE (Hugue),

né à Saint-Marcellin (Isère) élève de M. Léon Coignet.

N° 904 — UNE RÉCRÉATION.

Quel mouvement! quel tourbillon! comme tout saute, danse et se réjouit! Heureux âge! et plus heureux encore si l'éducation qui torture l'enfance ne commençait pas de si bonne heure! Ici pas de trace de chagrin; rien que des figures souriantes et gaies; partout de la grâce sans effort.

On regrette que M. Merle n'ait envoyé qu'un tableau.

BIARD (François),

né à Lyon (Rhône), élève de Revoil, chevalier de la Légion-d'Honneur en 1848.

N° 109 — LES PÊCHEURS.

Biard, vous êtes un observateur profond. Si quelques-uns ont été les poètes héroïques de la peinture, vous en avez été le Scarron.

Le bon goût n'est pas toujours respecté dans vos ouvrages; mais le comique souvent de bas aloi n'y est point épargné.

Beaucoup d'excellents peintres n'ont pas toujours été compris par le nombreux public dont les connaissances artistiques sont encore fort arriérées; mais vous, toujours vous l'avez séduit. Si vous pouviez égruger ce gros sel en mettant plus de fine malice dans vos charges, si vous pouviez par une touche hardie et une couleur nerveuse, sortir de ces tons sans vigueur, comme vous laisseriez bien loin en arrière le peintre anglais Hogarth, qui vous dépasse.

Toutefois vous êtes un artiste de talent, et nombre de croix d'honneur furent moins méritées que celle que vous portez.

C'est bien là ce cultivateur hébété qui baille quand ses bras sont inoccupés. Ces figures hétéroclites qui composent l'auditoire existent ; tout le monde les a vues. Elles sont rendues avec une certaine vérité de dessin, et partout on voit de l'entrain et de la gaîté.

Mais plusieurs personnages auraient demandé à être plus étudiés. Nous ne citerons que ce bedeau qui, en tournant la tête, semble avoir le col démanché.

PEINTURE.

COIGNET (Léon),

né à Paris, élève de Pierre Guérin, officier de la Légion-d'Honneur en 1846.

N° 270 — PORTRAIT DE Mme ***

Cette femme vit ; elle va vous parler. Sa jeunesse est passée ; mais comme ses rides sont aimables ! comme ce léger sourire est agréablement dépeint pour tenir lieu du printemps qui a fui !

Ce portrait, simplement rendu, sans tour de force, d'un style pur et noble, est digne du maître.

Quelques coups de pinceau un peu heurtés, placés au-dessous des yeux, ne nous paraissent pas produire tout l'effet que le peintre en attendait. Ensuite on s'aperçoit trop que l'on a voulu se servir du fond comme d'une machine.

Peut-être l'artiste a-t-il dans le même esprit trop négligé le velours et la fourrure.

Raphaël, cependant, quoique coloriste du second ordre, a rendu avec un rare bonheur la mante de fourrure dans son portrait de la Fornarina.

ABEL DE PUJOL (Alexandre-Denis),

né à Valenciennes (Nord), élève de David, membre de l'Institut en 1835, décoré en 1822.

N° 1 — LA FIN DU MONDE.

M. de Pujol, qui fut un artiste de mérite, n'a donc point d'amis qui, soucieux de sa réputation, lui aient dit : « *Vos coursiers n'ont plus la même vigueur ; il est temps d'enrayer en n'exposant plus, peut-être même de dételer.* »

Le jury était encore là pour empêcher l'une de nos planètes artistiques de se montrer à son déclin. Mais l'auteur est décoré, les portes du palais doivent s'ouvrir. Il a voulu la lutte, il demande la vérité; on doit la dire avec tous les égards qu'il mérite.

La pensée de ce tableau est très-ingénieuse; elle est du bon temps de cet artiste. Nous sommes à la fin du monde; mais le Temps, sous la forme d'un vieillard aîlé, assis sur des ruines, conserve toute sa vigueur : il date de loin, mais il est plein de force. On peut reprocher à sa figure trop de sévérité; elle devrait être seulement impassible.

Quant à l'Amour étendu à ses pieds, il nous répugne de voir ces formes grêles, et ce corps, dont les côtes apparentes montrent qu'il se dessèche. L'Amour est une divinité, et, par suite, il est immortel comme le temps. Il peut abandonner cette terre désolée; mais nous le montrer dans une allégorie, subissant les altérations du corps humain, tandis que le temps poursuit son cours : c'est un vrai contre-sens.

Nous dirons encore que la grandeur des ailes du temps dénote sa vigueur et les espaces énormes qu'il doit parcourir. Mais Cupidon ne devant que voltiger, ne doit pas en avoir de proportionnellement aussi fortes. Si l'un a le vol de l'aigle qui se

perd dans la nue, l'autre, pour son humeur badine et folâtre, ne doit pas en montrer les ailes. Toutefois, c'est dans le défaut d'harmonie que gît principalement l'infériorité de cette production. Comment assembler une teinte gorge de pigeon, avec les chairs blafardes de l'amour et le vert d'un manteau. Tout cela jure, crie, de se trouver ensemble.

N° 2 — SAINT PIERRE

DÉLIVRÉ DE PRISON.

N'a pas même pour lui la beauté de l'idée. Ce tableau conviendrait à une église de village, il y resterait du moins ignoré.

PEINTURE.

GALLAIT (Louis),

né à Tournay (Belgique), élève de Hennequin, décoré en 1831.

N° 517 — DERNIERS HONNEURS

RENDUS AUX COMTES D'EGMONT ET DE HORN PAR LE

GRAND SERMENT DE BRUXELLES.

Nous voici dans un vrai mélodrame dépourvu, comme tous, de grandeur et de noblesse. Ces têtes livides sont atroces de vérité.

La douleur dépeinte sur le spectateur du premier plan est parfaitement exprimée. Elle est vive et silencieuse. Mais c'est un grotesque que ce bourgeois à épaisse figure, presque souriante, dont la peine ne se témoigne que par de grosses larmes perlées.

A la vue d'une pareille exposition, selon nous, c'était plutôt du dégoût et de l'horreur que l'on devait éprouver : il fallait qu'après le premier coup-d'œil on détournât la tête pour pleurer sur l'infortune.

Cette manière de sentir nous paraît plus juste et plus exacte. M. Gallait ne nous semble pas s'en être aperçu, non plus que de la trop petite surface de la toile, sur laquelle il a entassé tous ses personnages. Du reste beaucoup de métier dans cette exécution et des détails bien rendus.

ANTIGNA (Jean-Pierre),

né à Orléans, élève de Paul Delaroche, médaillé de première classe, 1851.

N° 21 — UNE SCÈNE D'INONDATION DE LA LOIRE.

Ce sujet n'est pas traité avec assez de simplicité. Le trait en est facile, le pinceau n'a pas été manié sans hardiesse. Mais pour quelle raison reste-t-on froid devant cette scène épouvantable ? l'eau peut monter à chaque instant ; le bâtiment peut être emporté ; partant peu de chances de salut.

C'est que devant une œuvre d'art, l'émotion ne peut avoir lieu qu'autant que les effets sont saisis avec rapidité. Or ce n'est que la réflexion qui finit par faire deviner que ces eaux bourbeuses sont non-seulement devant l'habitation, mais encore qu'elles l'environnent de toutes parts. C'était de l'harmonie grise que le peintre cherchait, il n'a produit qu'un ouvrage monotone et ennuyeux.

MEISSONNIER (Jean-Louis-Ernest),

Élève de M. Léon Cogniet, décoré en 1846.

N° 896 — HOMME CHOISISSANT SON ÉPÉE.

N° 897 — JEUNE HOMME TRAVAILLANT.

N° 898 — BRAVI.

Nous ne nous appesantirons point sur ces productions. Chacun est à même d'apprécier le fini de l'exécution, ainsi que le naturel et la correction des attitudes.

Nous croyons que le nouvel instrument, dit daguerréotype, n'est point étranger à cet éminent succès; mais en même temps, nous félicitons M. Meissonnier d'en savoir si bien tirer parti, car ses rivaux dans le même genre sont fort éloignés de l'égaler.

PEINTURE.

COURBET (Gustave).

Médaille de deuxième classe 1849.

N° 292 — LES DEMOISELLES DE VILLAGE.

Que vous a fait le siècle, Monsieur Courbet, pour l'affliger de vos ouvrages? Jusqu'ici nous avons toujours chéri le bon, le beau, le noble, et repoussé de toutes nos forces le vice et la laideur. Si quelquefois nous montrons des personnages hideux, au moral ou au physique, sur la scène; ce n'est que pour en faire ressortir l'infamie ou le ridicule.

Et vous Monsieur, avec une intention bien sentie, vous comptez nous intéresser en nous présentant sérieusement et sans charge, des êtres au type de figure trivial, commun, vicieux. Vous êtes dans une profonde erreur, et vous y serez tant que l'humanité sera en progrès. La difficulté de réussir en suivant les voies connues, vous en a fait chercher une nouvelle.

Les rail-way, le macadam étaient inventés. Vous avez voulu prendre le chemin à ornière et à bourbier; vous y resterez, si vos yeux ne se dessillent pas.

PEINTURE.

SAINT-JEAN,

Né à Lyon, décoré en 1843.

N° 1126 — FRUITS DANS UN PARC.

Quelle perfection dans ces framboises ! comme leur maturité est complète ! On sent leur parfum, on éprouve, en les voyant, cette sensation matérielle que la réalité produit.

Mais ces framboises sont vraies, elles existent ; je ne puis être le jouet d'une vaine illusion, car les illusions, de leur nature sont éphémères, et celle-ci persiste.

Approchons, et essayons d'y porter la main. Hélas ! un dragon, coiffé d'un tricorne et porteur d'écailles métalliques sur lesquelles est gravée la nature de ses fonctions, défend ce nouveau jardin des Hespérides.

———

N° 1127 — BOUQUET DANS UNE GROTTE.

N° 1128 — VASE DE FLEURS
CONTENANT DES ORCHIDÉES, DES ROSES, DES PAVOTS, ETC.

Les roses, situées dans une grotte et leurs reflets dans l'eau, sont parfaitement imités ; les pétales pourraient se détacher une à une, elles nous paraissent mieux traitées que les fleurs dont est rempli le vase, à côté duquel s'étendent des raisins violets. Ces raisins ne sont point appetissants, ils ne contiennent que du verjus. Encore un effort de M. Saint-Jean, et nous n'aurons rien à envier aux van Huisium et aux van Spaendonck.

GENDRON (Auguste),

Né à Paris, élève de M. Paul Delaroche, médaille deuxième classe, 1849.

N° 529 — TIBÈRE A L'ILE DE CAPRÉE.

Des actes si barbares et des femmes si rassurées, — A côté de ce monstre à figure inquiète et sinistre, des dames si pleines d'abandon. Oh! cette situation n'a point été assez étudiée par le peintre, il a cherché une opposition et s'est écarté du vrai.

Le sujet dans lequel on remarque des nudités attire des curieux, mais le dessin et surtout la peinture qui se réduit à un léger lavis, devraient les faire fuir.

Aussi est-ce avec raison que l'on paraît se soucier médiocrement du n° 530, *Francesca et Paolo, passant aux enfers* et du n° 531, *Sylphes, voltigeant sur les bois*,

qui ne sont pas mieux traités.

EUDES DE GUIMARD (Mlle Louise),

Née à Argentan (Orne), élève de M. Léon Coignet.

N° 423 — LA SŒUR AINÉE,

ENFANTS DE POINTEL (BASSE-NORMANDIE).

Cette gentille et naïve enfant qui veille sur sa sœur, m'intéresse.

— Continue ton travail, chère petite, ta jeune sœur dort bien, son sommeil n'est point agité.

Tu ne te trompes pas, en nous regardant passer sans inquiétude; nous ferons nos remarques en silence, et nous ne la réveillerons pas.

La touche est moelleuse, l'exécution est suave et tout concourt à l'effet, dans ce petit sujet simple et bien choisi.

S'il y a quelques négligences, nous préférons ne pas les voir. D'abord il s'agit d'une dame, ensuite, nous nous rappelons qu'en fait d'arts, une œuvre peut être excellente avec quelques erreurs; et souvent être médiocre, non par les défauts qu'on ne peut lui reprocher, mais par le manque de beautés.

COURT (Joseph),

né à Rouen, élève de Gros, décoré en 1838.

N° 297 — PORTRAIT DE MGR SIBOUR,

ARCHEVÊQUE DE PARIS.

Voilà de la dentelle, de la soie, et surtout une table dorée, dont les effets sont d'une justesse incroyable. L'imitation ne peut aller plus loin, c'est de la réalité.

Le livret n'annonce cependant qu'un portrait, et c'est justement ce dont l'artiste s'est le moins occupé.

La noble figure du digne prélat n'est point sur cette toile; celle qu'on y aperçoit manque de relief, de vie et de grandeur.

PEINTURE.

VERDIER (Marcel),

né à Paris, élève de Ingres; médaille de deuxième classe, 1848.

N° 1232 — DÉCOURAGEMENT DE L'ARTISTE

J'aime cette couleur; elle a de l'harmonie et me rend indulgent pour la composition, qui manque de clarté.

Vous le dites découragé, cet homme; mais avant que son esprit ait été amené à cette situation désolante, que l'expression de son visage ne fait que médiocrement sentir : le corps a dû souffrir, les veilles ont dû l'exténuer, la misère aux serres acérées a dû le meurtrir.

Celui que vous nous présentez paraît doué d'une santé florissante. Il a bien quelques petits chagrins; mais avec une charmante compagne, qui ne négligera rien pour le consoler, ses petites inquiétudes ne dureront pas.

Changez l'intitulé du tableau, appelez-le

Consolations d'une amie, et nous n'aurons que des éloges à vous adresser.

Cette peinture a du charme; elle est dans un style pur et noble; l'apprêt et la raideur ne s'y font point sentir.

Je passe douloureusement à côté du n° 1233, dit *le Départ des conscrits;* mais le peintre se relève dans le n° 1234, dit *Portrait de* M. F., où il a fort bien réussi.

BELLANGÉ (Hippolyte),

né à Paris, élève de Gros, décoré en 1833.

N° 73 — ÉPISODE DE LA RETRAITE DE RUSSIE.

N° 74 — PASSAGE DU GUARRAMA.

N° 75 — PASSAGE DU DANUBE.

Ces diverses opérations militaires ont été traitées avec talent.

Les soldats et leurs chefs sont porteurs de physionomies guerrières. Il y a généralement de la sagesse sans froideur; mais nous ne sommes point assez ému.

Nous aurions désiré que le peintre variât davantage les expressions et les traits de ses figures, et qu'il prodiguât davantage et le nerf et le relief.

M. Bellangé possède une grande facilité; mais

entre lui et un grand artiste, se trouve la distance qui existe entre un homme d'esprit et un homme de génie.

MULLER (Charles-Louis),
né à Paris, élève de Gros, décoré en 1849.

N° 948 — PORTRAIT DE M^r DE M.

Cet épiderme n'est point animé; le sang ne circule point au-dessous.

Cette production est un vrai péché du célèbre artiste; mais à raison de son grand succès de l'année dernière (*l'Appel des victimes*), on doit lui accorder l'absolution, toutefois en le priant de faire son *meâ culpâ*.

TONY JOANNOT,

né à Offenbach (Hesse-Darmstadt), décoré en 1840.

N° 697 — SCÈNE DE PILLAGE EN 1525.

Tableau d'une grande finesse de touche et d'un coloris séduisant.

Il gagnerait beaucoup s'il y avait une action unique sur laquelle les regards se porteraient spécialement.

Le cœur se refroidit lorsque l'attention, sollicitée successivement par diverses scènes, n'en a pas une particulière à fixer.

HERBSTHOFFER (Charles),

né à Presbourg (Hongrie).

N° 624 — LA TENTATION.

Le démon si malin n'avait pas envie de te tenter, pauvre Antoine, car ce ne sont pas des jolies femmes qui t'approchent, ce sont des êtres hideux.

En représentant saint Antoine en lutte avec la chair, pourquoi le faites-vous si décrépit?

La plus belle femme pourrait-elle animer une momie?

Il est nécessaire, d'après l'histoire, que le saint présente un corps macéré par les privations; mais en même temps il faut que la lutte apparaisse, que la figure s'illumine et que le cœur batte. Le recueillement du saint annoncera le triomphe de l'esprit divin.

Ce combat n'a été ni exécuté ni même compris.

FRÈRE (Pierre-Édouard),

né à Paris, élève de Paul Delaroche, médaille de troisième classe!

N° 503 — LE CHAPELET.

Voilà un petit diamant parfaitement bien taillé et bien monté.

Suave petite fille, vous avez recueilli tout votre être pour placer religieusement, au-dessus de votre cheminée, le chapelet que l'on vient de bénir. Oui, il vous défendra de tous piéges et amènera l'aisance dans cette chambre nue.

La vérité des expressions, la touche aussi hardie que sûre, qui appartiennent à toute cette petite création, en font un drame des plus intéressants.

Les deux tableaux d'intérieur, n° 504, *le Tonnelier*, n° 506, *Intérieur, étude*; peints, comme le précédent, en pleine pâte et d'un effet des plus agréables, quoique traités autrement; montrent la variété du talent de l'artiste, que nous ne croyons pas flatter en l'appelant *un vrai magicien.*

PEINTURE.

ROQUEPLAN (Camille),

né à Mallemort (Bouches-du-Rhône), élève de Gros et d'Abel de Pujol, décoré en 1832.

N° 1109 — LA FONTAINE DU GRAND FIGUIER
DANS LE DÉSERT.

Ce peintre de mérite, dont les ouvrages ont été cités pour leur originalité de bon goût, n'a rien produit cette année qui accroisse sa réputation.

Il y a même décadence dans la couleur et le dessin.

GARNERAY (Louis-Ambroise),
né à Paris, décoré en 1852.

N° 518 — COMBAT DE LA FRÉGATE LA VIRGINIE EN 1795.

Est-ce la couleur de la mer? non; c'est simplement du vert foncé. Ces ressauts sont-ils des vagues? non. Y a-t-il de la profondeur? non; est sec et figé d'une traverse du cadre à l'autre.

Claude Lorrain a dit qu'il vendait ses paysages et donnait, par dessus le marché, les personnages dont il reconnaissait l'excessive médiocrité.

M. Garneray, dans ses combats maritimes, veut-il qu'on ne s'occupe que de ses vaisseaux.

FAUVELET (Jean),

né à Bordeaux (Gironde), élève de M. Lacour.

N° 437 — PARTANT POUR LA VILLE.

Vous voulez suivre Meissonier, mais combien il vous distance.

Partant pour la ville dit le livret; mais cet homme ne marche pas; il a la fixité produite par le modèle qui pose pour la photographie.

Ce n'est pas tout que d'employer les mêmes outils, il faut savoir s'en servir.

DUBUFE (Edouard),

né à Paris, élève de M. Dubufe.

N° 380 — PORTRAIT DE M° H.

N° 381 — PORTRAIT DE M° R.

N° 382 — PORTRAIT DE M° C.

Les portraits de ces trois jolies femmes doivent plaire aux gens du monde.

Au premier coup-d'œil on est surpris.

Il y a de l'originalité et du piquant dans ces effets de lumière.

Mais en examinant ces étoffes, se suivent-elles? non. Mais ces joues polies sont-elles bien en vraie chair, ferme sans trop de résistance et en même temps moelleuse et élastique? non. Que l'on prenne garde de les toucher! on ne les blesserait pas, on les casserait.

Ces figures doivent être ressemblantes, mais est-ce une intention épigrammatique du peintre qui fait dire à toutes les trois ces mêmes paroles : *Admirez-moi*.

DUVAL LECAMUS père (Pierre),

né à Lisieux (Calvados), *décoré en* 1837.

N° 409 — LE RETOUR DE LA PÊCHE,

VENTE DE LA MARÉE.

De la vérité dans la nature morte, de la vérité et de la variété dans ces acheteurs et ces vendeuses.

Tout cela serait assez recommandable, malgré certaines négligences de coloris, s'il n'y manquait ce que Prométhée ravit au firmament.

PEINTURE.

COUTURE (Thomas),

élève de Gros et Paul Delaroche, décoré en 1848.

N° 301 — PORTRAIT D'HOMME.

Ce peintre se servirait-il d'une truelle? Mon Dieu, oui. Cette matière grenue, non polie, est une espèce de mortier.

L'effet est énergique, la touche est mâle et puissante; certains hommes d'une nature forte doivent apparaître ce qu'ils sont, recouverts d'une enveloppe pareille.

Mais comment, sans employer du sable plus fin, avez-vous pu faire, M. Couture, pour donner tant de grâces et tant de gentillesse à cette jeune fille du n° 300?

Les productions de cet artiste réunissent à l'originalité, la force, la grâce et l'harmonie.

JACQUAND (Claudius),

né à Lyon (Rhône).

N° 676 — SAINT BONAVENTURE

RECEVANT LES INSIGNES DU CARDINALAT.

Ce que c'est que le mérite de la composition. Voilà une œuvre dont tous les détails sont loin d'être parfaits; mais le sujet est simple, tout se rapporte à lui, et en le considérant personne n'a pu se défendre de cette émotion, que ne réveille jamais une médiocrité.

Le saint méprise bien les honneurs de ce monde, mais son dédain est celui d'un philosophe stoïcien. Il aurait fallu ajouter au sentiment exprimé, celui de l'amour de Dieu, toujours plein d'onction et cause de son détachement des choses d'ici-bas.

L'envoyé du pape et celui qui avertit le saint se ressemblent un peu trop, et nuisent, par cette ressemblance, à l'effet général.

Ensuite il y a trop de sécheresse dans la figure de ces deux personnages, dont la chair est sans mollesse.

Le bassin et le trépied qui le soutient sont parfaits; nous n'en dirons pas autant des vêtements, qui ont trop de raideur, et principalement de la chasuble de l'envoyé, qui n'a aucune flexibilité.

DUPRÉ (Jules),

Né à Nantes (Loire-Inférieure), décoré en 1849.

N° 392 — UN PACAGE.

Ce paysage, en exigeant que le point de vue soit placé à une certaine distance, pour qu'il y ait un résultat produit, tient par cela même de la décoration.

Qu'il en soit ainsi pour une grande composition qui nécessite de l'éloignement, afin que l'on puisse mieux saisir tout l'ensemble; rien de plus convenable. Mais forcer le spectateur à chercher la place qui fera le mieux valoir une petite toile, sur laquelle se trouve toute une nature lilliputienne qui semble le convier à prendre une loupe pour l'observer. C'est beaucoup compter sur sa complaisance, lorsque du reste, on ne le dédommage pas par une perfection plus grande ou par un genre de beauté nouveau; et c'est justement ce qui nous arrive.

Voici sur les premiers plans un terrain raboteux qui manque de naturel et de vérité. Cette eau, elle-même, quoique tranquille, formée des petits ressauts qui sont dans la manière du peintre, ne présente aucune exactitude à l'esprit.

Je sais que nos remarques ne changeront en rien les procédés de l'artiste. Ses prôneurs sont semblables aux amateurs de café, à qui l'on a servi longtemps un mélange de cette substance et de chicorée; et qui finissent par tellement y habituer leur palais, qu'il devient insensible à la saveur parfumée d'un pur moka.

Il en est ainsi des compositions de ce genre.

Pour plaire aux consommateurs de ses œuvres, ce n'est plus la nature vraie que le peintre cherche à rencontrer, c'est une nature frelatée, une nature de convention. Car sont-ce là des arbres? Peut-on appeler nuages ce que l'on nous donne pour tels? Nous reconnaîtrons que M. Jules Dupré, dans ce genre conventionnel, a fait beaucoup mieux. Mais qu'il se méfie encore d'un écueil dangereux, où sa réputation pourrait venir échouer.

D'imbéciles amateurs qui ne recherchent dans

les beaux arts que la satisfaction de leur vanité, et ne voient dans la possession d'un tableau que presque celle d'un autographe; ne font pas difficulté de payer à un artiste distingué un haut prix des œuvres médiocres, parce qu'elles sont signées de son nom.

Cet encouragement perfide est destructif de toutes beautés. Nombre d'artistes ont déjà succombé, que M. Dupré y fasse attention.

Le n° 393, *Entrée d'un hameau dans les Landes,* est encore plus inférieur. Un fond noir que l'on ne trouve nulle part dans la nature, recouvre le terrain et les arbres. Le tout est surmonté d'un ciel fait avec un bleu cru qui détruit toute harmonie.

Le n° 394, dit *le Soleil couchant,* préférable sous tous les rapports, peut aider à faire comprendre comment le peintre a pu se faire un grand nombre de partisans.

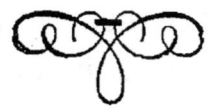

OUVRIÉ (Justin),

Élève de MM. Abel de Pujol et baron Taylor,
Médaille première classe 1843.

N° 978 — VUE PRISE A LONDRES,

SOMMERSET HOUSE ET SAINT-PAUL.

Voilà un artiste sérieux qui aborde carrément les difficultés. S'il ne les a pas toutes résolues cette année, au moins nous a-t-il présenté des beautés du premier ordre.

Existe-t-il une architecture mieux exprimée, plus en relief, que celle qui saille sur la gauche ? Quelle verve dans cette touche ! comme cette eau est naturelle ! comme sa surface est animée par cette quantité de bateaux, canots et voyageurs !

Il serait à désirer que le pont parut plus éloigné ; quelques couleurs criardes, mais d'une correction facile, nous ont encore paru faire quelques taches. Ainsi, les tambours d'un bateau à vapeur sont peints en vert, cette couleur ne se marie pas avec les teintes briques des maisons, ainsi qu'avec le ton général du tableau.

N° 979 — LE CHATEAU DE WINDSOR

(ANGLETERRE).

On aperçoit sur la droite un brouillard dans les arbres, qui est imité avec une perfection inimaginable. Les arbres sont bien traités, il pourrait y avoir un peu plus de fuite dans les lointains.

JULES ANDRÉ,

élève de Jolivard, médaille de 2ᵉ classe 1835.

Nº 17 — VUE
PRISE AUX ENVIRONS DE LOCMINÉ.

Nº 16 — VUE
PRISE SUR LES BORDS DE LA MIDOURE.

Ces vallées sont rendues avec une médiocrité désespérante. Point de justesse dans les plans, quelque chose de vague partout, mais du noir, du bleu, du vert, etc. Néanmoins, la brosse a été maniée avec facilité.

CABAT (LOUIS),

né à Paris, élève de M. Flers, décoré en 1843.

N° 208 — UN SOIR D'AUTOMNE.

Charmant effet du soir, tout plein de rêverie. On sent l'air embaumé qui circule dans tous ces feuillages (1); on se promènerait à l'entour de tous ces arbres.

Quelle sérénité dans toute cette composition! Quelle eau tranquille et profonde! Craintif chevreuil, tu peux venir te désaltérer en toute sûreté.

On se plaît à regarder, et chaque coup d'œil vous fait découvrir un objet nouveau qui vous attache davantage.

Quelle science dans les plans! ils se suivent, se dégradent sans jamais se confondre et le travail ne s'y fait sentir nulle part.

---

(1) Ils pourraient être cependant un peu moins massés sur le premier plan.

LAPITO,

né à Saint-Maur, élève de M. Watelet.

N° 767 — COUVENT

DANS LES MONTAGNES SPEZZIA (PIÉMONT).

Nous reconnaissons ce site pour l'avoir admiré dans nos voyages. L'artiste l'a rendu avec vérité.

Le délicat feuilleté des arbres qui sont sur le premier plan nous satisfait; mais nous trouvons que le trop grand éclat lumineux jeté sur le pont, sur les maisons et sur le couvent, ainsi que les détails trop arrêtés dans les plans éloignés, ôtent de la perspective à ce tableau!

Le ciel nous paraît encore froid et monotone; il pourrait gagner en transparence, et M. Lapito l'a prouvé dans celui du n° 768, *Vue de la citadelle et de la ville de Systéron*.

COIGNARD (Louis),

*né à Mayenne (Mayenne), élève de M. Picot;
médaille de première classe, 1846.*

N° 272 — RENCONTRE DE TAUREAUX

DANS UNE CLAIRIÈRE.

Comme ce groupe est magnifique! Avant d'avoir analysé, vous êtes saisi.

Ce bouvier emploie toute sa vigueur pour décharger un coup de bâton sur le mufle du troisième taureau.

Le bel animal, confiant dans sa force, ne fait que détourner la tête sans en être effrayé.

Le coup de bâton sera une piqûre de mouche qui ne l'empêchera pas de se mêler aux jeux de ses deux camarades.

La beauté et la puissance de ces animaux, leur état d'embonpoint, qui s'accorde si naturellement avec l'indolence pleine de force qui les caractérise, prêtent à cette composition un charme indéfinissable.

Au moins voilà un paysage vrai, animé, au milieu duquel on désirerait se trouver. Il vous fait oublier tous ces mauvais pastiches de plaines ou de vallons, garnis d'arbres sans écorces ni feuillages, où l'on ne voit ni rochers ni gazons, et qui n'ont d'autre but que de cacher le plâtre des murailles.

S'ils étaient conformes à ce qu'ils veulent représenter dans nos campagnes, ils ne nous inviteraient guère à quitter pour elles le bitume de nos boulevards et ses ormes rabougris.

La ligne supérieure du col appartenant au taureau blanc situé sur la gauche nous semble un peu longue.

Le chien a été sacrifié à l'intérêt qui doit se porter sur ces beaux taureaux, dont la peau maniable est si remarquable de vérité par la couleur grasse que le peintre a su leur appliquer.

Le pâturage foulé par cette quantité d'animaux qui y paissent si tranquillement ne se prolonge pas assez dans le lointain, relativement aux dimensions qui leur ont été données.

Nous croyons encore que les contours extérieurs ont été arrêtés trop brusquement, et qu'il eût mieux valu les fondre davantage afin qu'ils se mélassent plus naturellement avec l'air ambiant.

Le n° 273, dit *le Repos du matin*, est encore un morceau très-bien traduit.

Nous le jugeons inférieur au précédent dans son exhibition d'animaux ; mais le paysage et les lointains sont plus exacts.

Nous ferons en passant une remarque, que M. Coignard regardera comme une mauvaise chicane ; c'est que la prairie située sur le premier plan ne contient que de la mauvaise herbe pour nourrir son bétail.

Heureusement qu'il sait le faire vivre et l'engraisser avec son pinceau.

Cette année M. Coignard a fait d'énormes progrès.

Dans son genre il ne connaîtra bientôt plus de rivaux.

SCULPTURE.

PRADIER (James),
né à Genève, élève de Lemut, officier de la Légion-d'Honneur, 1834, membre de l'Institut en 1827.

N° 1520 — SAPHO.
STATUE DE MARBRE.

Sapho, cette femme poète, n'a rien de commun avec l'œuvre de M. Pradier.

Le marbre de l'amoureuse et lyrique Lesbienne demandait une nature animée, en même temps qu'inspirée. La poésie, le génie, devaient étinceler dans sa figure. Au lieu de cela que voyons-nous ? une belle femme, froide comme la matière qui la compose.

CLÉSINGER (Jean-Baptiste-Auguste),

né à Besançon, décoré en 1849.

N° 1332 — LA TRAGÉDIE,

STATUE DESTINÉE A ORNER LE PÉRYSTILE DU THÉATRE FRANÇAIS (MARBRE).

Melpomène empruntant les traits de Rachel, l'illustre tragédienne, c'est bien. Aurait-on pu mieux faire? nous le croyons.

La tragédie est une muse, vous nous donnez un portrait.

Un artiste grec voulant représenter une Vénus ne se contenta pas du plus beau modèle qu'il put trouver. Il est même douteux qu'il se soit arrêté aux seules beautés que lui offrirent les trois jeunes filles choisies parmi les plus belles, ainsi que nous le dit l'histoire.

C'était une idéalité qu'il fallait créer, et Rachel, avec ses épaules étroites, ses membres grêles, son organisation souffrante, son visage mince, sa poitrine rétrécie, ne fournissait point les proportions d'une statue de Melpomène.

Aussi est-ce à l'ironie plutôt qu'aux fureurs tragiques que Rachel doit la plus grande partie de sa renommée. Elle ne pouvait donc pas être la personnification de la tragédie.

Si l'on a voulu simplement donner de l'encens, le résultat est accompli.

Aux remarques précédentes, nous ajouterons que les draperies la surchargent et doivent lui ôter la liberté de ses mouvements.

HUGUENIN (Victor),

né à Dôle (Jura), élève de M. Ramey.

N° 1422 — PSYCHÉ ÉVANOUIE,

STATUE PLATRE.

Charmante Psyché (1), créature céleste, âme rendue visible, c'est bien avec cette ravissante figure, pleine de grâce et de simplicité, cette suavité de contours, ces formes divines, que tu devais rendre sensible ce tyran de nos cœurs, qui se fait un jeu d'enflammer nos plus belles et qui toujours les a dédaignées.

Que tu reposes doucement ! avec quelle abandon sont étendus ces membres délicats ! Cupidon vient de te prodiguer ses plus tendres caresses, il a profité de ton sommeil pour s'éloigner.

Nous relevons ici une erreur du livret. Psyché

---

(1). Psyché en grec veut dire *âme*.

SCULPTURE.

n'est pas évanouie, car, alors, il y aurait un reste de contraction dans ses membres ; tous, au contraire, sont dans le calme le plus absolu. Nous espérons que le Gouvernement donnera de la longévité à ce plâtre, en le faisant reproduire en marbre.

RUDE (François),

né à Dijon (Côte-d'Or), décoré en 1833.

N° 1531 — CALVAIRE,

GROUPE EN BRONZE POUR LE MAÎTRE-AUTEL DE L'ÉGLISE SAINT-VINCENT-DE-PAUL.

Sous l'influence matérialiste du siècle, pouviez-vous, sculpteur distingué, être inspiré par la grandeur de votre sujet ? C'eût été difficile, aussi votre œuvre n'est-elle grande que par ses dimensions. S'il eut fallu marcher à la victoire, oh ! alors, votre organisation se serait électrisée, vous nous auriez subjugué, entraîné. Mais, ici, il s'agit de la *Mort du Christ* ; combien ils sont rares, ceux qui ont réfléchi profondément à cet acte divin !

Quoi ! c'est un Dieu qui meurt : Ne doit-il pas être l'idéal de la forme. Quelles formes ! bonté divine. Les chairs sont altérées, les muscles sont affaissés, les membres annoncent plus de souffrances qu'un simple mortel n'en éprouverait.

Avez-vous oublié qu'il ressuscitera le troisième jour ? Son incarnation, il est vrai, doit le faire participer à nos misères. La souffrance peut être visible, mais en même temps, elle doit être calme.

Assimilez-le, tout au moins (si la comparaison peut être établie) à un martyr que l'on déchire, qui souffre dans son corps, mais dont l'âme dégagée des biens terrestres, montre qu'elle domine la douleur et plane au-dessus de ces incidents humains.

Saint Jean porte une noble figure, vous ne pouviez mieux choisir : mais c'est un larcin fait à Raphaël ; on y met quelquefois un peu plus de cérémonie.

Saint Jean savait que son maître devait mourir. Il eût été de bon goût que son émotion fut moins forte ; mais je conçois qu'à la vue d'une agonie pareille, il a dû oublier le Dieu pour ne voir que le Maître aimé.

La sainte Vierge est mieux sentie, son visage

porte l'empreinte d'une grande douleur, mêlée de résignation. Les draperies sont lourdes, elles contrastent avec les plis que l'on aperçoit dans les parties inférieures, plis qui ne peuvent appartenir qu'à une étoffe d'une grande souplesse et de peu d'épaisseur.

MOREAU (Mathurin),

Né à Dijon (Côte-d'Or).

N° 1496 — LA FÉE DES FLEURS,

GROUPE PLATRE.

La fée des fleurs, sous une forme des plus aimables, semble se diriger d'après le désir enfantin d'un petit amour de caprice, dont elle doit être la mère. La vue de ce couple, amoureusement traité, vous captive; vos yeux en sont enchantés. Le but de l'artiste n'est-il pas en grande partie rempli.

On doit certainement préférer la simplicité unie à la grâce, et reconnaître que le genre maniéré se fait un peu trop sentir dans ce groupe. Mais les œuvres des Watteaux, des Boucher, pour n'être pas sans défauts de cette nature, ne devront pas moins être recherchées par les amateurs distingués.

DANTAN AÎNÉ,

né à Saint-Cloud, élève de Bosio, décoré en 1843.

N° 1347 — GROUPE D'ENFANTS,
BRONZE.

Ce groupe d'enfants n'est point sorti de votre atelier, monsieur; il y a eu méprise. Je m'attends à une rectification dans la deuxième édition du livret.

Des enfants doivent avoir de la grâce : ils sont de la famille des amours. Ceux-là sont de petits rustauds.

GAYRARD (Paul),

né à Clermont (Puy-de-Dôme), élève de son père; médaille de première classe, 1846.

N° 1400 — Mme LA DUCHESSE DE BRISSAC.

N° 1401 — Mme LA MARQUISE DE LAS MARISMAS.

N° 1402 — Mme CERRITO.

Ces trois bustes méritent des éloges, mais surtout celui de Mme Cerrito. Une ressemblance complète s'unit à la plus grande finesse d'exécution.

Ce marbre, délicatement ciselé, a de la morbidesse dans les chairs; il respire.

Quoique la partie la plus essentielle d'une danseuse ne nous ait point été donnée, les juges les plus difficiles doivent être satisfaits.

FIN DE LA NOTICE.

TABLE GÉNÉRALE

PAR ORDRE ALPHABÉTIQUE

DES ARTISTES

dont il est parlé dans cette notice.

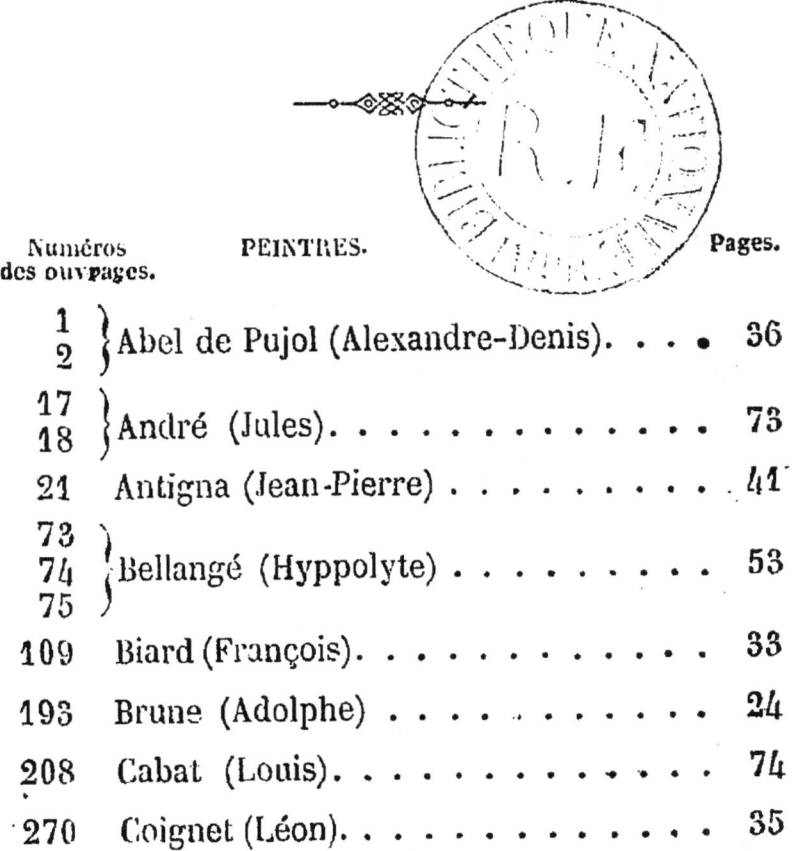

Numéros des ouvrages.	PEINTRES.	Pages.
1, 2	Abel de Pujol (Alexandre-Denis).	36
17, 18	André (Jules).	73
21	Antigna (Jean-Pierre)	41
73, 74, 75	Bellangé (Hyppolyte)	53
109	Biard (François).	33
193	Brune (Adolphe)	24
208	Cabat (Louis).	74
270	Coignet (Léon)	35

272, 273	Coignard (Louis)	76
292	Courbet (Gustave)	43
297	Court (Joseph)	49
301, 300	Coutare (Thomas)	65
380, 331, 382	Dubufe (Edouard)	62
392, 393, 394	Dupré (Jules)	68
409	Duval Lecamus père (Pierre)	64
423	Eudes de Guimard (Louise)	48
437	Fauvelet (Jean)	61
503, 504, 505	Frère (Pierre-Edouard)	57
517	Gallait (Louis)	39
518	Garneray (Lonis-Ambroise)	60
529, 530, 531	Gendron (Auguste)	47
592, 593	Gudin (Théodore)	26
624	Herbstoffer (Charles)	56
676	Jacquand (Claudius)	66

TABLE.

677	Jadin (Louis-Godefroy)	30
697	Johannot (Tony)	55
726	Kior-Bœ (Charles-Frédérick)	31
767, 768	Lapito (Louis-Auguste)	75
896, 897, 898	Meissonnier (Jean-Louis-Auguste)	42
904	Merle (Hugues)	32
948	Muller (Charles-Louis)	54
978, 979	Ouvrié (Justin)	71
1009	Roqueplan (Camille)	59
1126, 1127, 1128	Saint-Jean	45
1170	Stevens (Joseph)	28
1232, 1233, 1234	Verdier (Marcel)	51
1235	Vernet (Horace)	15
1272, 1273, 1274	Ziem (Félix)	21
1332	Clézinger (Jean-Baptiste-Auguste)	80
1347	Dantan aîné (Antoine-Laurent)	88

TABLE.

1400 1401 1402	Gairard (Paul).	89
1422	Huguenin (Victor).	82
1496	Moreau (Mathurin).	87
1520	Pradier (James).	79
1531	Rude (François).	84

Paris.— Imp. Boisseau et Ce pass. du Caire, 123-124.

www.ingramcontent.com/pod-product-compliance
Lightning Source LLC
LaVergne TN
LVHW050643090426
835312LV00007B/1017

QUITTING IS NOT AN OPTION

By

Dr. R. van Reenen

Table of Contents

Dedication 2
Preface 3
Introduction 4
Instructions 5
Chapter 1: When You Feel Like Giving Up 7
Chapter 2: Embracing the Pain Without Losing the Purpose .. 22
Chapter 3: The Power of a Made-Up Mind 37
Chapter 4: Storm-Proof Vision 51
Chapter 5: Carrying the Cross, The Cost of Commitment 66
Chapter 6: Burned but not Broken 81
Chapter 7: Grace for the Grit 97
Chapter 8: The Silence Between Seasons 112
Chapter 9: When the Finish Line Moves 126
Chapter 10: Quitting is Not an Option 140
Appendix: Tools for the Journey 155
About the Author 159
Acknowledgements 161

discouragement. For years, I've ministered to leaders who stood in pulpits yet were silently planning their exit. I've spoken with parents who are ready to walk away from children they love but no longer understand. I've counselled entrepreneurs who invested their last cent into a dream, still struggling to break even. The truth is, the thought of quitting is more common than we admit. But just because it visits, doesn't mean it has to stay.

Biblical Perspective: Elijah Under the Tree

One of the most powerful stories of burnout and near-quitting is found in 1 Kings 19. Elijah, the mighty prophet of fire, had just faced the prophets of Baal in a miraculous showdown. Fire fell from heaven. A national revival was on the brink. Yet, one chapter later, we find him alone in the wilderness, under a broom tree, praying to die.
"I have had enough, Lord," he said. "Take my life..." (1 Kings 19:4 NIV). How can a man so anointed, powerful, and victorious end up in that place? Because even the strongest feel like quitting. But God did not rebuke Elijah; He gave him rest. He sent an angel. He offered food, companionship, and eventually a fresh commission. Elijah wasn't done. And neither are you.

Practical Reflection:
Recognize the Warning Signs

Before quitting turns into action, it starts as exhaustion. Here are several signs that you are approaching the edge:

1. **Loss of Motivation:** The tasks you once loved now feel burdensome.
2. **Emotional Numbness:** You're no longer deeply sad but simply empty.
3. **Isolation:** You withdraw from others and sink into silence.
4. **Negative Self-Talk:** "I'm a failure," "This will never work," "Why bother?"
5. **Fantasy of Escape:** You dream of simply walking away.

These are not signs of weakness; instead, they are signals that something requires attention. Instead of giving up, we must lean in with grace and strategy.

Leadership Insight:
Quitting isn't just personal, it's communal

When a leader quits, a ripple effect follows. Whether you're a pastor, manager, parent, or peer, your perseverance, or lack thereof, affects others. Imagine Moses, standing before the Red Sea with a terrified nation behind him. The pressure was immense, the people complained, and the odds were against him. But Moses didn't quit. He raised his staff, and God moved. Your courage to continue may be the turning point for someone else's miracle.

What to Do When You Feel Like Quitting

1. **Rest Before You Resign:** Fatigue often clouds judgment. Step away, if necessary, but don't decide while depleted.
2. **Speak to Someone Safe:** You don't need thousands, just one or two trusted voices to remind you of who you are.
3. **Revisit Your 'Why':** Reflect on the original vision. What motivated your start? What problem did you aim to solve? What dream were you pursuing?
4. **Pray and Listen:** God's silence is sometimes an invitation to intimacy, not abandonment. His stillness is not absence.
5. **Recalibrate, Don't Abort:** Adjust the sails, but don't abandon the ship. Sometimes the mission is correct, but the method needs adjusting.

A Word for You

If you're reading this and feel like you've lost your fire, I want to speak life into your soul. You are not a failure. You are not forgotten. You are not disqualified. Your value does not decrease because of fatigue. Your calling is not nullified by a season of doubt. What you carry is still needed. And what's ahead of you is greater than what's behind you. The enemy would love nothing more than to convince you to give up. If you quit, generations might never see what God planted in you. This book is titled "Quitting Is Not an Option" for a reason. You were made for more. And we're just getting started.

Journal notes

Chapter 2
Embracing the Pain Without Losing the Purpose

Pain and purpose often ride in the same chariot. We tend to believe that if something hurts, it must not be right, and that difficulty means we've taken the wrong turn. But what if pain is not an indicator of misdirection, but rather a signal that you are on the path of transformation? This chapter explores how we can endure pain without letting it destroy our purpose and how some of the most significant breakthroughs are born out of our darkest valleys.

The Purpose in the Pain

Pain has a voice. It speaks in the night, interrupts your day, and lingers in silence. But pain is also a revealer. It tells you what matters most. It shows you what's broken. It unveils what you've tried to bury. Many people try to avoid pain at all costs. They change jobs, churches, relationships, and locations, all in an attempt to escape discomfort. However, you cannot outrun internal pain with external changes.

"He was despised and rejected… a man of sorrows, and familiar with suffering." (Isaiah 53:3 NIV). Jesus Himself was not exempt from pain; yet, through His suffering, the greatest redemption in history was made available. There is power in walking through pain with purpose.

Joseph: From the Pit to the Palace

Joseph's life is a vivid example. Betrayed by his brothers, sold into slavery, falsely accused, and unjustly imprisoned, his story reads like a tragedy. Yet, each chapter of pain was a step closer to his destiny. What would have happened if Joseph had given up in prison? He would have never become the second most powerful man in Egypt. He would've missed the reunion with his family. He would've forfeited the role of saviour to a starving nation. His pain didn't cancel his purpose; it prepared him for it.

The Three Lies Pain Tells You

1. **"This will never end."** Pain tries to convince you it's permanent. But seasons change. What feels like forever today can turn into a memory tomorrow.

2. **"You're the only one going through this."** Pain isolates. It makes you feel like you're uniquely broken. However, others have travelled similar paths and survived.
3. **"You must have done something wrong."** Pain masquerades as punishment. However, not all suffering results from sin. Sometimes, it's an indicator of growth.

Turning Pain into Fuel

You have two options with pain: you can allow it to define you, or you can allow it to refine you.

A. Journal the Journey
Write it down. Every lesson. Every tear. Every moment of clarity. Someday, your journal will become someone else's survival guide.

B. Serve Through the Suffering
Find someone else to encourage. Pour into others while you are healing. This isn't hypocrisy; it's leadership. Even in your brokenness, you embody healing.

C. Let God Reframe the Narrative
Instead of asking, "Why me?", ask, "What now?" God never wastes pain. He will use what the enemy meant for evil for good if we stay the course.

Leadership Insight: Pain builds authority

Genuine authority is built not in comfort but through hardship. Leaders who have experienced pain, shed tears, and struggled to triumph are the voices that command trust. After enduring trials, your voice carries a profound resonance. There's no need to pretend to be strong when you have weathered the storm. When you serve, speak, lead, write, or provide counsel from a place of healed pain, people not only hear your words; they truly feel them.

When You Feel Like You Can't Take Another Step

Take it anyway. If you need to cry, cry. If you need to scream, scream. If you need to crawl, crawl. But don't stop. Don't give in. Don't give up. Your pain is not your final chapter.

You are Still in the Story

Let me tell you something: the fact that you're reading this book means you still believe there's more. Deep down, beyond the tears and trauma, your soul is crying out for life. This chapter serves as your permission slip to stop hiding your pain and start transforming it. Not by denying it, but by facing it and walking through it with courage.

Quitting is not an option because your purpose is still present, even in the pain.

Journal notes

Chapter 3
The Power of a Made-Up Mind

There's nothing more unstoppable than a determined mind. Talent can be wasted, resources can dwindle, and circumstances can change, but a mind that is resolutely decided will find a way where there seems to be none. Choosing not to quit is more than a feeling; it is a spiritual discipline. It's the setting of your internal compass, regardless of the external storm.

The Battle is in the Mind

Long before defeat occurs in reality, it first takes place in the mind. The thoughts you entertain become the beliefs you live by. That's why discouragement is such a dangerous enemy: not because it alters your situation, but because it changes your perception of it.
"As a man thinketh in his heart, so is he." (Proverbs 23:7 NIV). You can have an open door in front of you and still miss it because your mindset is trapped in fear.

Conversely, you can be locked in a prison and still walk in freedom if your mind is made up.

Jesus in Gethsemane:
The power of surrendered resolve

In the garden of Gethsemane, Jesus experienced a moment of agony so intense that He sweated blood. The pain of what was coming was overwhelming. But then He said, "*Nevertheless, not my will, but Yours be done*" (Luke 22:42 NIV). That was the moment of resolve. The cross didn't kill Jesus; His surrender did. He had already died in His will before He was nailed to the wood. That's the power of a made-up mind. The battle was won before the first whip ever touched His back.

Make Up Your Mind Before the Storm Hits

You can't wait until you're under attack to decide whether to fight; you must choose now.

Make up your mind:

- That you will finish.
- That you will forgive.
- That you will not go back.
- That you will rise again.

When the storm arrives, you won't need to decide; you'll simply carry out what you have already determined in your spirit.

Keys to a Resolute Mindset

1. Speak Life Over Yourself

Your voice is the first that your spirit hears each morning. Stop waiting for others to encourage you; speak your victory out loud.
"I will not die here."
"This is not the end of me."
"God's purpose for my life will not be aborted."

2. Remove the Exit Option

Burn the escape plan. If you always keep a door open to quitting, you'll eventually use it.
Commit to the calling even when it's inconvenient. Burn the boats like the old explorers did, no retreat, no return.

3. Feed Your Focus

What you focus on multiplies. Nourish your faith by reading, praying, journaling, and surrounding yourself with committed people.

4. Practice Mental Rehearsal

Athletes visualize success before experiencing it. Leaders should do the same. Rehearse the win in your mind. Speak it. See it. Walk as if it's already done.

What Happens when You Decide to Finish?

The atmosphere shifts when resolve enters the room. Heaven supports a determined mind. Your decision invites divine help. "But Daniel purposed in his heart…" (Daniel 1:8 NIV). Before Daniel ever saw God shut the lions' mouths or deliver him from the fiery furnace, he resolved in his heart not to compromise. That decision granted him supernatural favour and unshakable peace.

Make the Decision Today

Right now, decide that you will not quit. Believe that your marriage will thrive. Trust that your ministry will finish strong. Know that your health, career, and family will rise again. You don't need everything to be perfect; you need to decide. Once your mind is made up, your enemy has lost his advantage.

Journal notes

Chapter 4
Storm-Proof Vision

Vision is the anchor of endurance. When life turns dark and the waves rise, vision keeps you from drifting. However, not every vision can survive a storm. What you need is storm-proof vision. Vision that is strong enough to endure trials, flexible enough to adjust with time, and deep enough to keep you grounded in purpose. Storm-proof vision is not just a good idea; it's a lifeline.

What is Vision, really?

Vision is not a five-year plan or a mission statement on the wall. Vision is a deeply rooted sense of purpose, identity, and direction. It drives your decisions and defines your legacy. "Where there is no vision, the people perish." (Proverbs 29:18 NIV). Without vision, we become reactive, tossed by every wave of circumstance. With vision, we become proactive, walking by faith rather than by sight.

The Nature of Storms

Storms don't ask for permission. They arrive uninvited, often disrupting progress. A storm can be:

- A diagnosis
- A betrayal
- A financial crash
- A moral failure
- A loss you didn't see coming

In these moments, the real question arises: *Can your vision outlast the weather?*

Biblical Anchor: Paul in the storm

In Acts 27, Paul finds himself on a ship in the middle of a violent storm. The crew panics as the ship begins to break apart, and supplies are thrown overboard. Hope starts to fade. Yet, Paul stands amid the chaos and declares: "But now I urge you to keep up your courage, because not one of you will be lost... Last night an angel of the God to whom I belong and whom I serve stood beside me." (Acts 27:22-23 NIV). Paul received a vision from God. He knew he wasn't going to die in that storm because his assignment wasn't over. His vision gave him courage, not just for himself, but for everyone on board.

Signs of Storm-Proof Vision

1. It Doesn't Depend on Applause

Storm-proof vision doesn't die when people stop clapping. If your purpose requires constant validation, it's not vision; it's vanity.

2. It Grows Stronger in Isolation

Some of your clearest moments will come in lonely seasons. Storm-proof vision hears God more clearly in the silence.

3. It Survives Closed Doors

When one door closes, storm-proof vision persists; it knocks again or builds a new door.

4. It Endures Delayed Results

Storm-proof vision isn't dissuaded by slow progress. It recognises that growth is often invisible before it becomes undeniable.

Developing Storm-Proof Vision

1. Clarify the Core

What has God called you to do, build, protect, or leave behind? Clarify your why. If your vision is unclear, your endurance will waver.

2. Write it Down

"Write the vision and make it plain." (Habakkuk 2:2 NIV). Capture your vision in writing so you can revisit it when the winds howl. When emotions cloud your mind, your written vision will serve as a reminder for your soul.

3. Return to the Source

Never allow your vision to outrun your prayer life. Return to the One who bestowed upon you the dream. Ask Him to strengthen and refine it as you grow.

4. Share it with the Right People

Storm-proof vision must be nurtured. Share it with people who will hold you accountable and pray it into reality alongside you, not with individuals who will poke holes in it.

Leadership Insight:
Vision protects the people you lead

As a leader, your clarity brings safety to others. If you falter in a crisis, those you lead will scatter. However, when your vision remains clear, even when everything else is shaking, it becomes a lighthouse in the storm. Storm-proof vision doesn't just keep you safe; it offers shelter to those around you.

A Word for Visionaries Who Feel Weary

You might feel that your vision is too big, too slow, or too misunderstood. But don't let temporary storms deter you from eternal assignments. If God gave you the vision, He also provided the grace to endure the storm. Hold fast, stay the course, and keep your eyes focused not on the clouds, but on the promise. Your vision is still alive, and it is strong enough to survive this.

Journal notes

Chapter 5
Carrying the Cross
The Cost of Commitment

Commitment is not glamorous. It is not loud. It does not always come with applause. But it is the thread that connects calling to completion. To commit is to choose the difficult road, not just once, but repeatedly. Carrying the cross illustrates this type of commitment. Not a decorative, gold-plated cross, but the real one. The one that bruises your shoulder, bleeds on your back, and reminds you: purpose comes with a price.

The Call to Carry

"If anyone desires to come after Me, let him deny himself, take up his cross daily, and follow Me." (Luke 9:23 NIV). Jesus did not promise ease. He promised meaning. To follow Him is to carry the cross of commitment through hardship, ridicule, loneliness, and pressure.

Commitment means staying when it would be easier to walk away. It means choosing sacrifice over comfort, integrity over popularity, and legacy over luxury.

The Myth of Easy Obedience

There is a lie that says, "If it's from God, it will be easy." No. If it's from God, it will stretch you. It will break you in the best way. It will expose your selfishness and call you into deeper surrender. Every person in Scripture who accomplished something great had to carry a cross of commitment:

- **Abraham** had to leave everything familiar.
- **Ruth** had to follow Naomi into a foreign land.
- **David** was anointed but not yet appointed for years.
- **Esther** risked her life to speak truth to power.

Each story includes pain. Delay. Conflict. And yet, not one of them quit.

What Commitment Really Costs

1. **Comfort**
   Commitment requires you to do things that inconvenience your flesh. Early mornings, late

nights, missed opportunities, and difficult conversations are all part of the price.

2. **Control**
   You must let go of your expectations for how things will unfold. Genuine commitment lies not in your plan, but in God's process.

3. **Approval**
   People may not always understand your dedication. They might mock your decisions or misinterpret your motives. Commitment often feels lonely.

4. **Options**
   You can't say yes to everything. Commitment requires a focused "no" to many good things to say "yes" to the right one.

The Strength Found in Surrender

Here's the paradox: the cross that feels burdensome becomes your badge of honour. The thing you thought would break you becomes the very thing that builds you. Jesus didn't endure the cross because it was easy. He did it because of the joy set before Him (Hebrews 12:2). He saw you. And that was enough. When your commitment is fuelled by love, love for God, for people, for purpose, it becomes sustainable.

Leadership Insight:
People don't follow talent, they follow tenacity

In leadership, people aren't inspired by how gifted you are; they're drawn to how committed you are. Anyone can start a project, but very few stay with it long enough to finish. Your team, family, congregation, or business doesn't just need your passion; they need your perseverance. They'll pick up theirs when they see you carry your cross without quitting.

Commitment is not about Perfection, but Persistence.

You will stumble. You will have days when quitting sounds more appealing than continuing. But don't confuse weakness with unworthiness. Keep showing up. Keep pressing on. Keep carrying your cross. And when you feel weak, remember this:
"My grace is sufficient for you, for My strength is made perfect in weakness." (2 Corinthians 12:9 NIV). You are not carrying the cross alone. Jesus carried His, so you have the strength to carry yours.

You can still Choose to Stay

You don't have to feel strong to be committed. You don't have to see the end to keep walking. You don't need applause to validate your obedience. What you need is a made-up mind, a submitted heart, and a willingness to carry what matters most. Ultimately, it's not the most talented who finishes; it's the most committed.

Journal notes

Chapter 6
Burned but not Broken

Scars tell a story. Not of weakness, but of survival. Not of defeat, but of resilience. Everyone who walks with purpose will walk through fire; if you're honest, you might be carrying the residue of battles past. Burned? Yes. But broken? Never. There is a difference between being wounded and being ruined. The fire may have touched you, but it didn't consume you. You are still here. And that is proof of purpose.

The Reality of the Fire

We all encounter seasons when everything seems to burn: our plans, our expectations, even our faith. These are moments when:

- A trusted friend betrays you.
- A business collapses.
- A marriage suffers.

- A church splits.
- A door you prayed for slams shut.

In those moments, the heat feels unbearable. But fire isn't just destructive; it's also refining. "When you walk through the fire, you shall not be burned, nor shall the flame scorch you." (Isaiah 43:2 NIV). Notice: You will walk through it, not around it. And you will come out the other side.

Biblical Example: The three Hebrew boys

In Daniel 3, Shadrach, Meshach, and Abednego refused to bow to a golden idol. Their refusal came with a price: they were thrown into a fiery furnace. But when King Nebuchadnezzar looked into the fire, he saw not three, but four, and the fourth looked like a son of the gods. (Daniel 3:25 NIV). The fire was meant to destroy them, but it only destroyed the ropes that bound them. They walked freely in what was designed to finish them. And most profoundly, they weren't alone. The presence of God showed up in the fire, not before it. This is the promise for every committed soul: **God doesn't always deliver you from the fire, but He will always meet you in it.**

What Fire Reveals

1. **Your identity:** Fire reveals whether you're building on straw or stone. When the heat intensifies, your true foundation is exposed. If your identity is rooted in Christ, you may feel the heat, but you won't crumble.
2. **Your community:** When you're on fire, people either lean in or walk out. Pain reveals your circle. Some friends are for comfort; others are for the call. Storms reveal which is which.
3. **Your calling:** Some callings are ignited by adversity. The fire that tries to end you often pushes you into your next level. Many ministries, movements, and messages are born in a blaze.

Healing from Burnout

You can be burned by people, churches, leadership roles, or family. Burnout isn't always due to doing too much; it often results from engaging in activities that aren't aligned with your grace or carrying more than you're called to.

How to Heal:
- **Rest Without Guilt:** Jesus rested. So should you. Restoration is not weakness; it's wisdom.

- **Talk About It:** Suppressed pain becomes silent poison. Share your experiences with trusted, godly counsel.
- **Rediscover Your Why:** Sometimes we forget the vision that motivated us to start. Go back to the beginning and re-anchor yourself in God's voice.
- **Let God Be Your Firefighter:** Allow Him to extinguish the embers of bitterness, offense, and unforgiveness. These are dangerous if left unchecked.

"He heals the broken-hearted and binds up their wounds." (Psalm 147:3 NIV)

You May Be Singed, But You're Still Standing

There is a reason you've survived things others couldn't. It's not luck; it's purpose. The enemy couldn't take you out because there's still too much in you to come forth. You were burned but not broken, and your scars are holy; they speak of a Savior who stood with you in the smoke.

Leadership Insight:
The most authentic leaders lead with limping feet

If you want to connect with people's hearts, don't lead from a place of perfection; lead from a place of redemption. When processed correctly, your pain becomes someone else's permission to heal.

The fire gave you:

- Compassion
- Depth
- Humility
- Authority

Your leadership is deeper because of what you've endured.

Final Encouragement

If you're walking through fire right now, don't stop. Don't sit down. Don't give in. The fire is temporary. The fruit is eternal. And when you emerge, because you *will*, you'll carry something unshakable: *the testimony of a survivor.* You are not broken. You are battle-tested. You are still breathing. And if there is breath in your lungs, there is still purpose in your life.

Journal notes

Chapter 7
Grace for the Grit

There's a point in every journey where human strength fails. Muscles ache. Motivation fades. Your feet move, but your soul is weary. And in that sacred moment, when grit is no longer enough, **grace steps in.** This is the intersection where heaven meets hustle, where supernatural help upholds your natural determination. Grit gets you started; grace gets you through.

What is Grit?

Grit is your willingness to keep showing up. It encompasses discipline, resilience, and mental toughness. Grit means getting up when no one's watching. It involves leading, loving, and labouring, even when it hurts. "Let us not grow weary in doing good, for in due season we shall reap, if we do not give up." (Galatians 6:9 NIV). However, grit alone isn't sustainable. Even the strongest minds eventually tire. That's why God, in His mercy, adds **grace.**

The Power of Grace

Grace is not permission to quit; it's power to continue. "My grace is sufficient for you, for My power is made perfect in weakness." (2 Corinthians 12:9 NIV). Grace is divine assistance. It's God stepping in where your effort runs out. It's the quiet strength that lifts your head, renews your heart, and fills your lungs with courage once more. When grit says, "I can't go on," grace says, "I'll carry you."

Grit + Grace = Endurance

Grit and grace are partners, not opposites. You don't have to choose between working hard and trusting God; you can do both.

- **Grit** keeps you committed.
- **Grace** keeps you connected.

God never asked you to be strong without Him. He invites you to bring your work into His presence and let grace multiply your efforts.

Signs You Need Fresh Grace

1. **You're grinding but not growing.**
2. **You feel spiritually dry, even while serving.**
3. **You're performing rather than partnering with God.**
4. **You feel irritable, numb, or resentful of your calling.**

These are not signs of failure, they're signals. And grace is the remedy.

How to Access Fresh Grace

1. Return to the Secret Place
Grace flows from intimacy. Stop everything else and go back to prayer, not performance prayer but raw, honest, unfiltered conversation with God.

2. Rest Without Shame
Sabbath is sacred. You are not less spiritual for taking a break; you are obedient. Rest is a weapon when it's surrendered to God.

3. Repent from Self-Reliance

When you try to "grit" your way through without God, burnout is inevitable. Invite Him back into every detail, even the boring ones.

4. Receive Daily Manna
Grace doesn't always come in giant waves. Often, it comes in daily doses: a Scripture, a song, a friend's voice, a whisper from the Holy Spirit. "Give us this day our daily bread…" (Matthew 6:11 NIV). You don't need enough grace for next year, just for today.

Leadership Insight: Leading from the overflow

As a leader, you need not just grit but also overflow. People can feel when you're ministering on fumes. Your strength may inspire them, but your dependence on grace will transform them. Your team, your family, and your church don't need a superhero; they need someone surrendered, someone who knows how to rest in grace and keep going.

A Final Word to the Weary Warrior

Maybe you've been grinding in silence. Maybe you're tired of being strong for everyone else. Maybe you're at the end of your rope. Here's the truth: God gives more grace (James 4:6 NIV). Not because you earned it, but because He is with you, for you, and in you. Don't let grit become a god; let grace be your gear. You were never meant to carry this alone. You're not just surviving; you're being sustained. You're still standing because of **grace for the grit.**

Journal notes

Chapter 8
The Silence Between Seasons

There are moments in the journey when the voice of God seems quiet. No new instructions. No open doors. Just stillness. Silence. Waiting. These are not wasted seasons; they are sacred pauses, the silence between one season ending and another beginning. A divine interlude where God does His deepest work not around you, but within you.

When Heaven Goes Quiet

Have you ever prayed with urgency and heard nothing back? Have you looked for signs and found none? Have you waited for movement, but everything remained still? Welcome to the silence between seasons. Even Jesus experienced it. "He was led by the Spirit into the wilderness..." (Luke 4:1 NIV). Heaven was silent. Yet Jesus was still in the centre of God's will. Silence is not absence. Delay is not denial. Stillness is not stagnation.

Why God Allows Silence

1. To Test Our Trust
When you can't trace God, will you still trust Him? Silence tests if our faith is built on results or relationship.

2. To Strengthen Our Sensitivity
Silence sharpens our ears. When the loud stops, the subtle becomes sacred. We start to hear God in whispers, Scripture, creation, and stillness.

3. To Prepare Us for the Next Assignment
The space between seasons is often where identity is refined and vision is clarified. It's where we learn obedience, humility, and endurance.

Biblical Example: Elijah in the cave

Elijah expected God to appear in wind, fire, and earthquake. However, God came in a gentle whisper (1 Kings 19:11-12 NIV), not in drama, but in stillness.

How to Steward the Silence

1. Remain in Position

Keep doing what He last told you to do. Don't move just because you're uncomfortable. Obedience isn't seasonal. "Be still, and know that I am God..." (Psalm 46:10 NIV).

2. Feed Your Faith, Not Your Fear
The enemy also loves to speak in the silence, sowing doubt and discouragement. Combat his lies with truth. Meditate on Scripture. Speak life. Guard your thoughts.

3. Record the Revelations
Silence often births subtle insight. Keep a journal. Write down what God reveals in dreams, impressions, and Scripture. When the next season begins, those notes will guide you.

4. Don't Manufacture Movement
Avoid the temptation to *force* something new. Ishmael was born when Abraham and Sarah grew tired of waiting for God's promise. Don't create counterfeit blessings out of impatience.

Leadership Insight:
The power of quiet leadership

Leaders often feel pressure to always have a word, a plan, or a next step. However, true leadership involves exercising restraint. There's power in saying, "God hasn't spoken yet, so we're staying still." Your silence, if spirit-led, can be more powerful than a thousand strategies. Your people don't just need your voice; they need your **discernment**.

Encouragement for the In-between

If you're in a season where nothing seems to be moving, don't quit. This is your *cave moment*. Your *wilderness chapter*. Your *preparation season*. God is not punishing you. He's positioning you. The silence is not void; it's **pregnant with purpose**.

And when God speaks again, it will be with clarity, direction, and momentum. Until then:

- Wait well.
- Worship anyway.
- Keep walking faithfully.

"Though it lingers, wait for it; it will certainly come and will not delay." (Habakkuk 2:3 NIV). You are not lost. You are not forgotten. You are simply between seasons. Hold on.

Journal notes

Chapter 9
When the Finish Line Moves

What happens when what you were running toward... moves? You trained. You prayed. You pushed. You mapped it out. You set goals. You saw the destination in sight, and just when you were about to reach it, life shifted. The goalpost moved. The job changed. The person left. The outcome flipped. This chapter is for those who kept running only to discover the finish line wasn't where they thought it would be.

The Reality of Shifting Seasons

Sometimes God allows our "finish lines" to move, not to punish us, but to mature us. Just as a shepherd redirects a sheep when danger or a better pasture lies ahead, God reroutes us for our own good. "In their hearts humans plan their course, but the Lord establishes their steps." (Proverbs 16:9 NIV). Your plans were good, but His are better. It doesn't mean you failed; it means the journey is still unfolding.

The Disappointment of Delay

Let's be real: when the goal shifts, it can feel like betrayal. You feel:

- **Confused:** "Why did I sense peace before?"
- **Frustrated:** "I was *so* close!"
- **Embarrassed:** "People were watching me."
- **Exhausted:** "I don't know if I can keep going."

This is where many are tempted to quit, not because they lack faith, but because they did not expect the road to change.

But God says:
"Behold, I am doing a new thing! Now it springs up; do you not perceive it?" (Isaiah 43:19 NIV). God isn't moving you away from your purpose when the finish line moves. He's moving you **into** it.

Biblical Example: Joseph's detour

Joseph dreamed of leadership. But instead of a palace, he found himself in a pit... then a prison. Each time, the finish line moved. Yet every step was part of the process.

When Joseph finally stepped into his destiny, he realized: "You meant it for evil, but God meant it for good." (Genesis 50:20 NIV). The detour was divine.

Leadership Insight: Adjusting without abandoning

As a leader, shifting goals doesn't mean shifting loyalty. Hold tightly to your *why* but loosely to the *how*.

- **Don't panic, pivot.**
- **Don't abandon, adapt.**
- **Don't freeze, reframe.**

You're still leading; you're simply navigating an evolving landscape. People will follow a leader who can admit, "I didn't expect this, but we're going to grow through it."

What to Do When the Finish Line Moves

1. Reevaluate Your Vision
Was your vision from God or yourself? A vision given by God can be tested, stretched, and delayed, but it never dies.

2. Release Control

You're not a failure because the plan changed. You're faithful because you persevered through the change. Let go of your need to know everything. Clarity often comes after obedience.

3. Run at God's Pace
Some finish lines are delayed because you must walk with God, not sprint without Him. Trust His timing; He knows when you're ready.

4. Celebrate Your Progress
Even if the line moves, look at how far you've come. Don't let a shifting goal erase your growth. Every step you've taken has built character, strength, and wisdom.

You're Still in the Race

Just because the goal has moved doesn't mean you've lost. It means God has more in store. You're not running in circles; you're running through layers of purpose. Each delay and every shift is a divine recalibration. So, tie your laces tighter. Square your shoulders again. Look up. The finish line hasn't disappeared; it has just changed shape. "Blessed is the one who perseveres under trial because, having stood the test, that person will receive the crown of life…" (James 1:12 NIV)

Journal notes

Chapter 10
Quitting is Not an Option

Every step you've taken. Every tear you've shed. Every chapter in this journey… has led you here: **The decision to keep going.** You've faced discouragement, delay, betrayal, fear, silence, and uncertainty. You've stood at the edge of giving up more times than you can count. And yet, something deeper inside you has refused to stop. That something is **calling**. That someone is **God**. This final chapter is not just a conclusion; it's a *commission*. You are being sent back into the fight, but with fire in your bones, steel in your spine, and vision in your eyes.

What Does it Really Mean Never to Quit?

"Not quitting" doesn't mean you never feel tired. It doesn't mean you never question the path. It means that no matter what comes, you **stand, lean on God**, and **show up anyway**. "Having done all… to stand."

(Ephesians 6:13 NIV). There is holy dignity in not quitting.

The Battle Within

Let's be honest, most quitting doesn't happen externally. It happens **internally**:

- You give up in your heart, but keep going in habit.
- You show up to the job, the pulpit, the family dinner, but inside, you've already surrendered.

This is your call to reclaim the fight **from within.** You are not a quitter; you are a **contender.**

Biblical Encouragement for the Final Push

1. **Jesus in Gethsemane:** Even Jesus wrestled with the desire to let the cup pass from Him. But He stayed. He obeyed. He overcame. (Luke 22:42 NIV)
2. **Paul the Apostle:** Shipwrecked, imprisoned, and beaten, but still preaching. "I have fought the good fight... I have kept the faith." (2 Timothy 4:7 NIV)
3. **Job:** Lost everything, yet he declared, "Though He slay me, yet will I trust Him." (Job 13:15 NIV).

These weren't superhumans. They were **submitted humans**. That's the difference.

What Finishing Looks Like

- It doesn't always look like applause.
- It might not come with a promotion.
- Crowds may not recognise it.

Finishing well means staying faithful until God says it's done. "Well done, good and faithful servant..." (Matthew 25:23 NIV). That's the finish line worth chasing.

Legacy Over Longevity

Sometimes, we fear quitting because we must keep doing what we've always done. But staying in the race doesn't always mean staying in the *same role*.

- Elijah passed the mantle to Elisha.
- Paul handed the churches to Timothy and Titus.
- Jesus empowered the disciples and ascended.

Quitting is not about **retiring** from responsibility but about **repositioning** yourself purposefully. You don't quit the call. You evolve in how you walk it out.

For the Reader Who's Ready to Give Up

If this book finds you at your breaking point, this is your moment of mercy. God's not mad at you. He's not disappointed. But He's not done with you either. If you're out of strength, He will carry you. If you're out of vision, He will speak again. He will breathe life into your bones if you're out of courage. You have been chosen, anointed, and preserved **for this exact moment**. Not just to survive it, but to rise through it.

Declare This Over Your Life:

I am not a quitter.
I am not my failures.
I am not the voice of fear.
I am a finisher.
I am called.
I am covered.
I am committed.
And by the grace of God, I will not give up.

Journal notes

Final Word from Dr. R. van Reenen

Dear reader,

I wrote this book not because I've never wanted to quit, but because I've faced that temptation head-on. I know what it's like to weep in private while leading in public. I understand the ache of unseen sacrifice and the weight of unfulfilled dreams. But I also recognise the **power of endurance**. God is not looking for perfection. He's looking for perseverance. He's not looking for heroes. He's looking for hearts that stay soft and hands that stay open.

The call on your life is too precious to forfeit. The people assigned to your voice are too valuable to abandon. The God who called you is too faithful to disappoint. So, if you remember nothing else from this book, remember this:

Quitting is not an option.

You were born for this. Now, finish what He started in you. With fire and faith.

Dr. R. van Reenen

Appendix: Tools for the Journey

This appendix is designed to be your **toolkit,** filled with Scripture, reflection questions, action steps, and declarations to help you **keep going** when the temptation to quit resurfaces. Whether you're a leader, a student, a parent, a pastor, or simply someone navigating life, you'll find strength here.

A. Key Scriptures for Endurance

These verses are anchors for moments of weakness:

1. Isaiah 40:31
"But those who hope in the Lord will renew their strength. They will soar on wings like eagles..."

2. Galatians 6:9
"Let us not become weary in doing good, for at the proper time we will reap a harvest if we do not give up."

3. 2 Corinthians 4:8-9
"We are hard pressed on every side, but not crushed; perplexed, but not in despair..."

4. James 1:12
"Blessed is the one who perseveres under trial..."

5. Philippians 1:6

"He who began a good work in you will carry it on to completion…"

B. Personal Reflection Questions

Take time to reflect and journal your answers:

1. What are the moments in my life when I've wanted to give up?
2. What helped me keep going during those times?
3. What patterns do I notice when I feel overwhelmed?
4. Who are the people God has placed around me for support?
5. What is one dream I know I must not quit on?

C. Ten Daily Declarations

Speak these out loud every morning:

1. I am stronger than I feel.
2. I am called for a purpose.
3. I will not quit when things get tough.
4. I walk by faith, not by sight.
5. I am not defined by failure.
6. I have heaven's help and backing.
7. I am surrounded by grace.
8. I am growing through this process.
9. I have what I need to finish well.
10. Today, I choose to keep going.

D. Action Steps When You Feel Like Quitting

1. Pause and Breathe
Take a 15-minute break, get fresh air, or sit in silence. Recentre.

2. Phone a Friend
Call someone who lifts your spirit, don't isolate.

3. Write a Letter to God
Pour out your heart in a raw, unfiltered prayer.

4. Remind Yourself of Your "Why"
Revisit your vision, journal entries, or the first moment you said "yes."

5. Worship Loudly
Music realigns the soul. Praise shifts the atmosphere.

E. For Leaders: How to encourage others not to quit

- Share your own battles. People follow authenticity.
- Preach perseverance, not just prosperity.
- Acknowledge pain without idolizing it.
- Equip people with tools, not just motivation.
- Keep showing up, it permits others to do the same.

F. Final Encouragement

You may revisit this book multiple times in your life. That's okay. Every time you face a new battle; the words may take on deeper meaning. Keep this appendix as your **spiritual first aid kit,** a reminder that you have resources to fight back when the fire gets hot and the pressure feels unbearable. Let the Holy Spirit be your coach, the Scriptures be your sword, and your testimony be your weapon. The journey isn't easy, but it is worth it. You're not alone. You're not weak. You're not done. You are called. You are chosen. You are a finisher.

About the Author

Dr. R. Van Reenen is a distinguished humanitarian, theologian, life coach, and business advisor to prominent mining houses across the African continent. Born in Cape Town, South Africa, he is the eldest son of Bishop Walter James and Maureen Van Reenen and the oldest of five siblings. From humble beginnings and a life marked by poverty, Dr. Van Reenen has journeyed through adversity with unwavering vision and determined focus on his goals.

With a deep conviction to spiritually and economically empower lives, Dr. Van Reenen holds an MBA and a Ph.D. in Religion and Economics. He founded the School of Spiritual Economics, where biblical principles and practical financial wisdom intersect. He also serves as the chairman of Dr. R. Van Reenen Ministries International, a global ministry dedicated to restoring purpose, igniting faith, and advancing the Kingdom of God. In addition, he founded KBFI (Kingdom Bishops Fraternal International)—a spiritual alliance that unites apostolic and episcopal leaders across denominations.

Dr. Van Reenen's calling is rooted in his belief that every life has a divine purpose and that pain often serves as a pathway to power. His message embodies perseverance, vision, and faith that refuses to surrender.

Faith Statement:
"I believe that God calls us not only to endure, but to overcome, and to do so with purpose. Every challenge is an invitation to trust Him more deeply. We do not quit because the One who called us is faithful."

Scripture Reference:
"Being confident of this very thing, that He who has begun a good work in you will complete it until the day of Jesus Christ."
Philippians 1:6 (NKJV)

Dr. R Van Reenen Ministries
Email: info@drvanreenenministries.co.za
Website: www.drvanreenenministries.co.za

Acknowledgements

First, I thank the Lord Jesus Christ, my sustainer, my hope, and my unfailing source of wisdom. Every page of this book is a testament to Your strength working through my weakness.

To my family, thank you for your patience during early mornings, late nights, and all the moments in between. Your love has made this possible.

To the leaders, pastors, mentors, and friends who have walked beside me, you are living proof that iron sharpens iron. Your encouragement kept me going when the road grew dim. To every reader holding this book, I see you. I wrote this for you. Your journey matters, your pain is valid, and your perseverance is powerful.

And to everyone who said I couldn't or wouldn't, thank you. You reminded me that *quitting is not an option.*

With gratitude,
Dr. R. van Reenen

For Book Sales and Purchases:

Now available for purchase on Takealot, Amazon, and selected bookstores.

Guest Speaking and Bookings:

Readers and event organizers may use the website and email contact provided for any guest speaking engagements, interviews, or ministry invitations.

info@drvanreenenministries.co.za
www.drvanreenenministries.co.za

***